EDUCAÇÃO FINANCEIRA PARA PROFESSORES E ALUNOS DAS ESCOLAS PÚBLICAS

JOSÉ DE MARQUI

Para:

José "Beppe" Vitor, meu neto.

EDUCAÇÃO FINANCEIRA PARA PROFESSORES E ALUNOS DAS ESCOLAS PÚBLICAS.

BOLSA FAMÍLIA OU BOLSA DE VALORES?

JOSÉ   DE   MARQUI

INTRODUÇÃO.

Há vinte anos fiz um curso sobre como aplicar na bolsa de valores. Foi quando comecei a investir, seguindo o método do Warren Buffet. De lá para cá, fui aprendendo na teoria e na prática, mas sempre de maneira solitária.

Há dez anos formei-me em psicanálise lacaniana e passei a clinicar. Logo constatei que uma boa parte das questões trazidas pelos analisandos, era ligada a problemas financeiros.

Sabemos que estes problemas decorrem de estruturas egóicas que predispõem o sujeito a não conseguir colocar borda em seu corpo, e, por isso, permitem, inconscientemente, que suas vidas, em todos os aspectos, saiam de seu controle.

A psicanálise trabalha isso de maneira a fazer com que o analisando entenda por que isso acontece com ele, passe a se responsabilizar por isso e mude sua maneira de lidar com o dinheiro.

Mas, aí surgia a questão: "Agora que aprendi a ter controle sobre minha vida, inclusive a financeira, qual a melhor maneira de aplicar meu dinheiro?"

Foi aí que entrou meu conhecimento em aplicação financeira, especificamente na bolsa.

Escrevi, então, três livros que tratam do assunto, tais sejam: "Ser rico não é destino, é opção", "Dívidas ou Dividendos?" e "Caça ao Tesouro".

Logo verifiquei que quem compra estes livros são pessoas que já têm algum conhecimento no assunto e algum dinheiro para aplicar.

Isso não era suficiente para meus propósitos.

O nascimento do meu primeiro neto, José Vitor, acendeu em mim a necessidade de, de alguma maneira, amparar, sem paternalismo, as crianças mais desprovidas de possibilidades financeiras.

Lembrava-me de mim, com sete anos, vendendo pirulitos na rua.

Nesta idade, segundo Piaget, eu já estava no estágio operatório-concreto. Já tinha capacidade de aprender com experiências concretas, já possuía raciocínio lógico, compreensão matemática e de estabelecer relações entre conceitos aprendidos. Tanto que já conseguia fazer contas de multiplicação, adição e subtração, pois tinha que saber quanto valia determinado número de pirulitos e que troco tinha que voltar ao cliente. E, com certeza, eu não era nenhum gênio.

Hoje me pergunto quanto eu teria acumulado se tivesse comprado ações com apenas dez por cento de tudo o que ganhei ao longo de minha longa vida.

De acordo com o estudo "Efeitos de longo prazo da educação financeira em escolas brasileiras", realizado pelo Banco Central (BC), quanto mais cedo os pais ensinarem aos filhos sobre como lidar com dinheiro de forma saudável, mais chances as crianças terão de alcançar um futuro financeiro estável e seguro.

Então, o objetivo desse livro, é fazer com que as crianças que estão agora com sete anos, não precisem mais fazer esta pergunta daqui a cinquenta anos, pois saberão, na prática, a resposta.

Mas, quem são essas crianças e quem vai ensinar a elas estes conceitos fundamentais?

A meu ver, as crianças mais necessitadas desse aprendizado, por óbvios motivos, são as crianças das escolas públicas.

Quem vai começar a introduzi-las neste universo de prosperidade, são seus professores.

Para isso, vocês, professores, terão que ser os primeiros a nele imergir. A prática, como sabemos, não é o melhor exemplo. É o único.

Esta imersão, não só vai permitir que repassem os conceitos de educação econômica e financeira para seus alunos, como também os tornará aptos a usufruírem também desta prática.

Não vou enumerar aqui as possíveis dificuldades que encontrarão nesse mister. Serão poucas, diante das que vocês já enfrentam.

Asseguro-lhes, porém, calcado na minha prática clínica e na minha performance financeira, que vocês e seus alunos serão plenamente recompensados.

Acredito que com um ano de estudos e prática, aplicando o método para construir seus caminhos de prosperidade, estarão capacitados e estimulados a repassá-lo aos seus alunos.

Esse livro é um guia, como o são todos os livros didáticos.

Que cada um o utilize de acordo com sua peculiaridade no ensinar.

Assim, sigamos.

CAPÍTULO PRIMEIRO

Por que?

Por que eu, psicanalista, resolvi escrever sobre bolsa de valores? "Certo, direis, perdeste o senso". E eu lhes direi, no entanto, que você teria razão, se bolsa de valores tivesse a ver com economia.

Mas, não.

Os movimentos da bolsa têm a ver com psicologia e não com economia. São os instintos, não a razão, quem os regem.

Ao longo de minha longa vida, com Freud aprendi e na clínica corroborei, que não somos donos nem de nossa própria casa. Os traumas da mais tenra infância é que determinam nosso êxito ou fracasso na vida. A clínica psicanalítica nos ensina a lidar e a conviver com isso.

Por que começo um livro sobre bolsa de valores falando sobre questões do inconsciente?

Porque é esse inconsciente que determina a maneira como lidamos com as questões do cotidiano.

Como nem todo mundo tem acesso a um tratamento analítico, fica dependendo de ter uma estrutura egóica que o predisponha a ganhar dinheiro. Não é o caso da maioria das pessoas, por óbvia constatação.

Vi muitas pessoas e famílias se desintegrarem por não conseguirem um mínimo para a subsistência. Ou por nunca estarem satisfeitas com o que têm.

Resolvi, então, pesquisar uma maneira de democratizar o acesso às riquezas, sem violência, mas também sem caridade.

Quais os grandes geradores de riqueza? O governo não é. Ele só toma de quem produz e gasta a maior parte disso na manutenção de si próprio. O pouco que distribui é à custa da perda da dignidade de quem recebe.

Quem produz a riqueza são as pessoas individualmente ou agrupadas em uma empresa.

Nós, cada um de per si, conseguimos trabalhar e participar um pouco desta renda. Geralmente, porém, mal dá para o sustento de nossa família. Gastamos tudo o que ganhamos em coisas indispensáveis, mas também em coisas supérfluas.

A maioria de nós nada guarda para o futuro.

E por que uns conseguem guardar e outros não?

Não é só porque ganhamos pouco. É porque nossa estrutura egóica, não está direcionada a ter disciplina e a separar um pouco todos os meses para o amanhã.

Guardar dez por cento do que se ganha e aplicá-lo de maneira adequada, é só do que precisamos para tomar as rédeas de nossa existência.

Sim, porque é disso que se trata. **Quem vive todo dia na incerteza se vai dar conta de suas necessidades, não é senhor de si mesmo.**

Baseado nessas premissas, fui pesquisar, há vinte anos, o que fazer para que qualquer pessoa, por mais pobre que fosse, conseguisse amealhar um montante que lhe garantisse uma renda mensal vitalícia que cobrisse suas necessidades para sempre, sem mais precisar depender de outrem.

Que a fizesse senhora de si mesmo.

É disso que trata esse livro.

CAPÍTULO SEGUNDO

CONCEITO DE RIQUEZA

O que é ser rico, afinal?

Ser rico é ter uma renda vitalícia suficiente que nos garanta cobrir nossas despesas para o resto da vida, independente do nosso trabalho.

Assim, se você tem uma despesa mensal média, de dez mil reais, para ser rico, tem de ter um ganho assegurado desse valor todos os meses.

Se você não consegue ter esse ganho, tem de diminuir tua despesa ou criar meios para conquistá-lo.

Simples assim.

Este ganho pode vir de alugueres, aposentadoria, rendimento de aplicações financeiras etc.

O nosso objetivo, é auferir este rendimento a partir de aplicação na Bolsa de Valores.

CAPÍTULO TERCEIRO

POR QUE A BOLSA?

Conforme já falamos, quem gera as grandes riquezas são as grandes empresas. Mas quem ganha com elas são seus patrões.

Mas, você sabia que também pode ser sócio de uma ou de várias delas?

Pois bem, você pode.

Como?

Há oitenta anos Warren Buffett, hoje um dos homens mais ricos do mundo, era um menino pobre do subúrbio de Omaha, nos Estados Unidos.

Ele se fez essa mesma pergunta.

E o que descobriu?

Que todas aquelas enormes companhias, Shell, Texaco, Ford etc., disponibilizavam a venda de partes delas, em um local denominado Bolsa de Valores.

A Bolsa é como um supermercado, onde você, ao invés de mercadorias físicas, compra pedaços de papel representando partes da companhia.

A estes papéis damos o nome de Ações.

Funciona assim:

Digamos que você tem uma loja e quer ampliá-la, mas não quer pegar dinheiro em banco. Não quer também um sócio para lhe incomodar para o resto da vida.

Tua loja é muito bem-conceituada.

O que você faz?

Estipula um valor que acha que tua loja vale.

Digamos, um milhão de reais.

Vai até a Bolsa, cumprindo todas as exigências, óbvio, e coloca um milhão de ações à venda a um real cada.

As pessoas já sabem que isso vai acontecer.

Começa o leilão, ou Pregão, como é chamado. Só tem um milhão de ações e a demanda é por dois milhões.

Os primeiros pagam um real, mas os demais vão pagando mais, na medida em que mais pessoas a querem. Digamos que chegue a três reais cada. Quem pagou um real agora pode vendê-la a três reais. Se muita gente passa a vender, pela lei da oferta e da procura, o preço cai.

E assim prossegue, ao longo dos anos, ou até o dono recomprar todas as ações ou a empresa falir.

Por isso, no nosso método, só compramos as que sempre se comportaram bem no mínimo nos últimos quarenta anos.

Estas são denominadas as "Joias da Coroa".

Mas, Warren, menino dedicado a seu intento, como você, professor, continuou a pesquisar.

CAPÍTULO QUARTO

PREMISSAS QUE REGEM A BOLSA DE VALORES

E Warren constatou que, assim como podemos prever as reações de uma pessoa ao conviver com ela, analisando-se a performance da Bolsa de Valores ao longo dos anos, algumas características também ficam claras. Não vamos aqui explicar como ou porque isso acontece. O importante é saber que elas ocorrem e usar isso a nosso favor.

Vamos a elas:

a) As bolsas sobem, em média, durante quatro anos e caem durante um ano e meio.

Mas elas só sobem vertiginosamente durante três meses e só caem vertiginosamente durante três meses também.

No pico dessa alta todas elas sobem em média

500%. Isso é, se você aplicou 100.000,00 reais, agora passa a ter 500.000,00.

b) Quando caem, todas caem, em média, 76,4 % em relação ao preço mais alto que haviam atingido antes de começarem a cair. Assim, uma ação que você comprou a 100,00, passa a valer 23,60. As joias da coroa, que são as principais ações negociadas em bolsa, como veremos adiante, só caem em torno de 50%. Isso é, mesmo essas, caem de 100,00 para 50,00 por exemplo.

c) Quando sobem, todas sobem em média, 500%, em relação ao preço médio que haviam atingido antes de começarem a cair.

d) A alta vertiginosa acontece quando a bolsa sobe ininterruptamente durante sete dias. Todo mundo que aplica, e os que não aplicavam, enlouquece e passa a comprar irracionalmente, num movimento de inconsciente coletivo que, como o nome diz, contagia a todos. Ninguém segura esta alta... até ela começar a despencar novamente.

E por que acontece de todas subirem ou caírem praticamente no mesmo período no mundo todo?

Porque, segundo Warren Buffet, a bolsa não pode ser vista do ponto de vista da economia, e sim da psicologia. Tanto que as altas ou baixas começam sempre no Vietnam, pelo simples fato de que ela é a primeira a abrir.

Resumindo, funciona assim:

Durante mais ou menos quatro anos, as bolsas

oscilaram um pouco para cima, um pouco pra baixo. De repente, devido a um movimento de massas, disparado por algum motivo, as pessoas começam a comprar ações com mais intensidade. Em uma única semana, as bolsas do mundo todo sobem em torno de dez por cento. É o bastante para todos olharem para aquele ativo e começar a aplicar nele. A pessoa que tem um dinheiro na poupança percebe que ele rende cinco por cento ao ano, enquanto a bolsa está rendendo isso em dois dias. A tentação é enorme. Ele tira o dinheiro da poupança e compra em ações. Como não sabe nada de "joias da coroa" ou qualquer coisa sobre mercado de ações, compra o que o amigo ou o corretor indica.

Não olha o histórico daquela ação.

Outro vende bens, outro toma empréstimo, e compra tudo em ações. É o "efeito manada". Como está todo mundo comprando, durante três meses, a bolsa dispara.

Todos querem o que os outros têm de bom.

Aí começa o movimento inverso. Um belo dia, alguém acorda de mau humor e diz: "Isto não tem sustentação." E vende suas ações.

Acontece que, por incrível que pareça, isso começa a acontecer com a maioria das pessoas. De um dia para outro, todo mundo começa a vender. Tem a ver com o Inconsciente Coletivo, explanado por Jung. E como todo mundo começa a vender, a bolsa começa a cair.

Durante três meses ela vai cair sem parar, até cair os 76,4% aproximadamente.

Então, ela retoma seu ciclo de quatro anos andando de lado, até começar tudo novamente.

Por que isso acontece?

Como diz Suassuna: "Não sei, só sei que é assim"!

CAPÍTULO QUINTO

OS CICLOS SE REPETEM

Warren viu nisso uma oportunidade. Se ele sabia que os ciclos se repetem, era só fazer com que isto trabalhasse a seu favor.

O que ele fez?

a) Dentre todas, selecionou apenas oito que sempre tiveram boa performance, tanto em pagamento de dividendos como em oscilações menos bruscas. Ações de companhias que, nos últimos cem anos, sobreviveram a todos os percalços.

Estas foram denominadas as "**Joias da Coroa**".

b) Especificou um dia por mês para comprá-las, para manter a disciplina.

c) Só comprava as "Joias da Coroa".

d) Não perdia tempo fazendo análise, pois as escolhidas já estavam mais que provadas.

e) Se uma das ações, isoladamente, subia mais de 30%, ele vendia um terço dela, e distribuía o resultado da venda na compra das outra sete. Porque, o que interessa é o número de ações que se tem, e todas, ao final do ciclo, vão subir o mesmo percentual, mas o risco fica diluído. Caso alguma das companhias quebre,

você perde mais ou menos 12% do seu patrimônio.

Isso, porém, de uma das "Joias da coroa" quebrar, nunca aconteceu.

Mantendo-se firme a esses critérios durante todos os seus longos anos de vida, amealhou a fortuna que tem hoje, enquanto você ficava reclamando da vida, do salário, torcendo para a vida passar depressa para poder se aposentar.

CAPÍTULO SEXTO

NOSSO MÉTODO

Como Warren, também fui pesquisar. Após muitos estudos, conclui que o método dele era o melhor.

Apenas faltava tropicalizá-lo.

Foi o que fiz.

No Brasil, a Bolsa tem 600 empresas, mas apenas algumas são boas o suficiente para aplicarmos nosso dinheiro nelas.

Aos poucos, com o aprendizado teórico e prático, você vai escolhendo de quais empresas voce quer ser sócio, e vai construindo tua própria carteira, sempre tomando por critério primordial, **comprar**

apenas ações das que estão na Bolsa há mais de vinte anos, têm ótima liquidez, estão com um bom preço e pagam bons dividendos.

Vou dar o exemplo da minha carteira, embora esse não seja um indicativo para vocês, já que não sou operador de bolsa de valores.

Aplico nas nove ações que estão na Bolsa há mais de vinte anos e sempre tiveram ótima performance.

São elas:

UNIPAR (UNIP6)

ITAUSA (ITSA4)

BRADESCO (BBDC4)

GERDAU S/A (GOAU4)

CIA SID.NACIONAL (CSNA3)

GRUPO GERDAU (GGBR4)

PETROBRAS (PETR4)

CIA VALE DO RIO DOCE (VALE3)

WEG S/A (WEGE3)

Estas são minhas "Joias da Coroa"!

Se quiser, depois você pesquisa sobre elas.

Por que aplicar em nove, e não em uma ou duas?

Porque, caso uma delas quebre, só perdemos doze por cento de nosso rico dinheirinho. Mas, se seguirmos nosso método, não há a mínima possibilidade de sermos pegos de surpresa, pois já a teríamos vendido antes que tal

aconteça.

CAPÍTULO SÉTIMO

QUANTO APLICAR?

Uma boa notícia, é que você não precisa fazer muito sacrifício para garantir sua aposentadoria.

Só precisa aplicar dez por cento do que ganha.

MAS TEM DE FAZER DISSO UM PROJETO DE VIDA.

Ficar rico é só uma soma de tempo mais disciplina.

Não consegue? Saiba que 72,8% das famílias brasileiras pagam dízimo para alguma igreja. Ou juros absurdos do cartão de crédito. Outros passam a vida toda emprestando dinheiro para aquela pessoa que sabem que nunca irão lhes pagar, apenas para terem a sensação de que são amadas.

Então, não se trata de economia, mas de prioridade.

Mais uma vez, psicologia.

CAPÍTULO OITAVO

QUANDO APLICAR?

Humboldt disse que o melhor momento para plantar uma arvore seria há 20 anos ou agora.

Na bolsa também é assim. Se você não começou há 20 anos, comece agora.

Escolha um dia do mês, não importa qual. **O importante é que todo mês, naquele dia, você faça a aplicação.** Nem um dia antes, nem um dia depois. Tem que ter disciplina.

Se não der para comprar de todas as nove empresas que voce escolheu, compre em um mês uma, no outro mês a outra, e assim por diante. Todas, ao final, vão subir aproximadamente o mesmo percentual.

Não se preocupe se elas caírem. Na verdade, você deve torcer para que elas caiam, pois no próximo mês você comprará mais ações com o mesmo dinheiro. O que te interessa é o número de ações que você consegue comprar.

Só não pode deixar de comprar.

Uma boa dica é reunir um grupo de amigos que

também investem, um dia por mês, fazer um jantar e todos aplicam neste mesmo dia, cada um em sua carteira.

Neste dia, e só neste dia, além de aplicar os dez por cento do teu rendimento mensal, você também vende trinta por cento das que renderam ou que caíram trinta por cento sobre o preço médio.

O que é preço médio? Se voce compra dez ações a dez reais cada em um mês o preço médio será de dez reais por ação. Se no outro mês comprar as mesmas ações por vinte reais, o preço médio passa a ser de quinze reais.

É um bom assunto para os professores de matemática discutirem com os alunos.

Pegue esse valor e distribua entre as demais. Assim, você garante um ganho interessante, já que as demais também vão subir no mesmo percentual. E evita o risco de perder dinheiro, uma vez que você detecta antes de a empresa quebrar, o que nunca aconteceu.

Mas, é melhor prevenir, (pois não sabeis o dia ou a hora).

Neste dia também você aplica os dividendos recebidos.

CAPÍTULO NONO

COMO APLICAR

Para aplicar, você tem que estar cadastrado em uma corretora. Existem várias, algumas que não cobram taxa, inclusive.

Pesquise e escolha a melhor para você.

Mas, preste atenção: Os corretores ganham um percentual sobre o valor que você movimenta, tanto quando compra, como quando vende.

Então, o trabalho deles é fazer você movimentar ao máximo tua carteira.

Não caia nessa!

CAPÍTULO DECIMO

QUANDO VENDER

Como dissemos, um dia a bolsa dispara. Mas, você não sabe quando isso vai acontecer.

Então, estabeleça um percentual que você acha interessante, e quando uma ação ou mais de uma ou todas subirem este valor, você as vende.

E por que as vende?

Porque, como já dissemos acima, passado o pico de alta, elas começam a cair. E, mesmo as joias da coroa, despencam até cinquenta por cento, lembra-se?

Você não quer ficar como um ioiô: "estou rico, estou pobre".

Eu estipulei para mim um ganho de trezentos por cento sobre o preço médio.

Quando chegam neste percentual de ganho, eu as vendo.

Não seja muito ganancioso!

CAPÍTULO DECIMO PRIMEIRO

O QUE FAZER COM O DINHEIRO DA VENDA

Deposite este dinheiro em uma poupança ou no Tesouro Direto.

Digamos que seja noventa mil reais.

Divida este valor por trinta e durante trinta meses, compre este valor em ações, da mesma maneira que você fazia antes.

Acrescente a ele os dez por cento da tua renda mensal.

Mais os dividendos ou juros, quando os receber.

Até quando?

Até novamente as ações subirem quinhentos por cento, ou o percentual que você pré-determinou.

Você recomeça o ciclo.

E assim sucessivamente.

CAPÍTULO DECIMO SEGUNDO

QUANDO PARAR DE APLICAR.

NUNCA!

Esta carteira continua para toda a vida. Só que, uma vez conseguida tua renda vitalícia mensal, você usa o dinheiro restante para comprar ou fazer o que você quiser.

Você não é mais pobre. Assim como você, hoje, também não o é.

Você está pobre, não é pobre!

Só depende de você mudar o verbo.

E, não seja egoísta. Ensine teu filho, teus alunos e outras pessoas a fazerem o mesmo.

Como eu estou tentando aqui.

Mas sei que não é fácil mudar esta tua cabeça dura!

Porque a maioria das pessoas sente um prazer

inconsciente em ser vítima. Como é bom culpar os outros pelos nossos fracassos, não é?

CAPÍTULO DECIMO TERCEIRO

VALORIZAÇÃO DAS JOIAS DA COROA NOS ÚLTIMOS VINTE ANOS

Para você, querido professor, ter uma pequena ideia da valorização das ações segue um levantamento da Dividendos.me das quinze companhias que mais pagaram dividendos nos últimos dez anos.

Em uma década, sem a inclusão dos dividendos, o ganho fica em 205,81%. Já **incluindo os dividendos distribuídos por essas companhias, a valorização chega a 519,93%. O Ibovespa obteve uma rentabilidade de 97,1% e o CDI rendeu 129,74% no período analisado.**

Fonte: https://forbes.com.br/forbes-money/2023/01/as-campeas-dos-dividendos-as-acoes-preferidas-dos-bilionarios/**, acessada em 21/12/2023**

Estes, porém, são índices que não consideram os dividendos e juros reaplicados, nem os movimentos que faço e que vocês farão, todos os meses.

Com estas intervenções, os ganhos são significativamente maiores.

Mas, continuemos, que a jornada é tão longa quanto prazerosa.

CAPÍTULO DECIMO QUARTO

TRÊS DECISOES PARA INICIAR TEU CLUBE DA RIQUEZA

Costumo assim denominá-lo, pois acredito que, uma vez que você domine o assunto e aplique teu dinheiro da maneira como estamos propondo, vai querer passar isso para teus amigos, familiares etc. Será, em breve, portanto, não uma aplicação solitária, mas um clube da riqueza.

Com certeza, **teus alunos, no futuro, além de te agradecerem pela educação que lhes concedeu, também o farão pela riqueza que você os ensinou a conquistarem.**

Vamos, então ir para a prática.

a) **Cadastre-se em uma corretora da tua confiança.** Há várias que não cobram corretagem. Algumas delas: Clear, CM Capital, C6 Bank, Inter, Nu invest (Easynvest), Órama, Rico e Toro Investimentos. Fonte: https://www.idinheiro.com.br/investimentos/corretoras/corretoras-corretagem-zero/, acessada em 21/12/2023.

b) **Defina o valor que você vai aplicar mensalmente.**

C) **Especifique o dia do mês para investir**.

E é só.

PLANILHA PARA COLOCAR NA PORTA DA GELADEIRA

Esta planilha é só para você se lembrar que tem de fazer a compra das ações todo mês. Serve também para você acompanhar tua ascensão rumo à liberdade financeira. Se não quiser que outras pessoas saibam quais os valores, use códigos. Vá aprimorando-a, na medida de tua necessidade.

A minha eu fiz em cartolina bem grande, colocando várias cores.

(1) Escreva o código(ticker) da ação. Cada companhia tem um código na bolsa.

(2) Coloque a data que você se propôs a comprar as ações durante o ano todo.

(3) Especifique o número de ações adquiridas no mês.

(4) Vá alterando o total acumulado de ações.

É para toda a vida.

PLANILHA PARA COLOCAR NA PORTA DA GELADEIRA.

CLUBE DA RIQUEZA

empresa	data	qtde	q.acum	data	qtde	q.acum
Bbdc4						
Csna3						
Ggbr4						
Goua4						
Its4						
Unip6						
Petr4						
Vale3						
Wege3						

Não se preocupe com os valores. Você vai acompanhá-los no aplicativo da corretora à qual está cadastrado.

CAPÍTULO DÉCIMO QUINTO

ALGUMAS DICAS

Como dissemos no início, Bolsa de Valores não é da área da economia e sim da área da psicologia.

Como psicanalista, penso ser interessante tecer algumas considerações que, talvez, te

ajudarão a deixar de postergar e começar agora a cuidar da tua saúde financeira e da dos teus alunos.

A psicanálise é a clínica do Um. É assim denominada, como você já pode deduzir, porque o tratamento é individual, já que cada ser humano é único no seu desejo. Há algumas atitudes, porém, que julgo serem úteis a muitas pessoas. São conceitos gerais da psicanálise. Entendo que, na hora do sufoco, na emergência, servem como um paliativo até você ter a possibilidade de ir para a análise.

1- COLOCAR BORDA NO TEU CORPO

Seu corpo é o que você tem de seu. Para a psicanálise, o corpo engloba o pensamento, a linguagem, a fala, os sentidos, enfim, tudo o que te determina.

Este corpo é você.

Só permita que o invada quem você desejar. Senão, você não será você, mas um aglomerado de vários corpos. Coloque limites.

2- SUPORTAR NÃO SER AMADO

Você não precisa ser amada (o) o tempo todo e a qualquer custo. Permita-se não ser amada (o) de vez em quando. Aprenda a dizer não. Faz o maior bem...

Na primeira vez que você conseguir negar um empréstimo para aquela pessoa que, você sabe, nunca irá te pagar, você sentirá o prazer de começar a apropriar-se do teu destino.

3- FAZER MAIS VEZES AQUILO QUE TE FAZ SE SENTIR MELHOR

Relacione o que você realmente gosta de fazer e faça.

4- CUIDAR DA CRIANÇA QUE HABITA EM VOCÊ

Lembre-se: boa parte de suas demandas não são do adulto, mas da criança que mora em você e que teima em fazer valer o desejo dela. Cuide dela, respeite a vontade dela, mas faça-a ver que quem decide é você, o adulto, e não ela. Faça-a distinguir o que é necessidade e o que é desejo,

5- NEGOCIAR COM TEU GOZO

As atitudes que te fazem mal e que mesmo assim você as repete, são o teu gozo. Ele te dá prazer, mas ao mesmo tempo te destrói. É difícil livrar-se dele, pois ele é estrutural, mas você pode negociar com ele. Se conseguir, coloque um ponto de basta nesta repetição.

Se for muito difícil, ceda um pouco, mas não tudo, até que a análise faça um trabalho melhor. Por exemplo, você tem uma compulsão a comprar coisas desnecessárias. Isso é gozo, pois apesar de a fazer feliz naquele momento, aos poucos vai destruindo tua vida financeira.

Dê vazão a esse gozo comprando ações.

6- APOIAR-SE EM UM PONTO DE ESTOFO

Se você conseguir melhorar em algum ponto, apegue-se a ele. Faça dele um referencial, um ponto de estofo.

Isto te ajudará a ir melhorando em outros pontos e a ir criando outros pontos de estofo.

7- PROCURAR UM ANALISTA

Esta é a solução mais saudável e estruturante. Uma hora por semana fará toda a diferença na tua vida e na daqueles com quem você convive

CAPÍTULO DECIMO SEXTO: COMO FAZER SOBRAR OS DEZ POR CENTO PARA APLICAR.

A maior dificuldade que a maioria das pessoas tem, é como fazer para separar algum valor todo mês para aplicar.

Se formos buscar as respostas na psicanálise, poderíamos dizer que desde a mais tenra infância, devido aos cuidados que os nossos pais ou cuidadores têm conosco, somos impelidos a não correr riscos. "Não faça isso que vai cair, cuidado vai se cortar!", e tantas outras que introjetamos e levamos para o resto da vida.

Isto nos salva de muitos perigos, mas também nos limita.

Uma das maneiras que encontramos para driblar esta interdição ao risco, é fazer um balancete com tudo o que ganhamos e gastamos e colocar a rubrica de aplicação financeira, como se fosse mais uma despesa fixa mensal.

Entra na categoria de necessidades fisiológicas, como nos ensinou Maslow.

A aplicação financeira entra como satisfação da fisiologia, isto é, comida, água, abrigo, descanso.

Á medida que a diferença entre o que ganhamos e o que gastamos for aumentando, podemos ir satisfazendo nossas outras necessidades, até chegar na Realização Pessoal.

É óbvio que isto não é estanque, mas sempre que quisermos atender a uma necessidade, temos de deixar de atender a outra. Isso enquanto nossa renda ainda não for suficiente para atender a todas.

Entendo que rico é quem tem uma renda fixa suficiente para atender todas as necessidades da Pirâmide de Maslow, independente da força de trabalho.

Abaixo segue um esboço de balancete para acompanhamento mensal. São números fictícios. Você pode fazer uma cartolina e colocar na parede com os teus números. Ou fazer tua planilha no excel e ir atualizando-a. Se tiver dificuldade, envie um Email para ferrodemarqui@gmail.com

O importante é que tenha claro o que está acontecendo com tuas finanças. Colocando em um papel, aos poucos, vai aprendendo onde pode diminuir teu gasto e como pode aumentar teu ganho. Passa a entender que é você o responsável pelas tuas conquistas ou fracassos. Não depende mais do outro para alcançar teu sucesso, mas, também não tem mais o outro a quem atribuir teu fracasso. A escolha   e a responsabilidade por ela, é somente tua.

BALANCETE DA PROSPERIDADE

categoria	jan	fev	mar	abr	mai
aluguel					
En.eletrica					
água					
locomoção					
saúde					
educação					
Saúde					
Lazer					
Alimentação					
Desp.financ.					
Vestuário					
Higiene					
medicamentos					
Apl.aposentad.					
Total despesas					
Salário					
Outras rendas					
Total receitas					
Saldo (1)					

(1) O saldo positivo você guarda uma parte

para ocorrências inesperadas e a outra

compre mais ações, além daquelas que já comprou com os dez por cento da tua renda.

Se der negativo, tem que cortar em alguma despesa e procurar meios de aumentar tua renda. Não há outra saída.

CAPÍTULO DECIMO SETIMO

QUAL AÇÃO COMPRAR PRIMEIRO?

Agora que você já fez teu balancete e conseguiu separar uma parte de teus rendimentos para aplicá-lo mensalmente, que já definiu o valor e o dia que vai fazer a aplicação, e já selecionou tuas "Joias da Coroa", surge uma questão: Com qual ação vou iniciar meu Clube da Riqueza?

Vai depender de quanto voce tem para aplicar mensalmente. Por exemplo, hoje, 06 de junho de 2023, se voce quiser comprar uma de cada da minha carteira, teria de investir 250,00.

Pode, porém, começar comprando apenas uma ação de uma companhia. No outro mês adquire a de outra, e assim sucessivamente.

Uma sugestão é que compre sempre a que mais caiu de preço naquele mês, pois o que te interessa, a longo prazo, não é quanto você tem em valores financeiros, mas sim, quantas ações possui.

Eu compro sempre de olho no dia da data com (br.investing.com/dividendos- calendar/), que é o dia em que você tem que possuir as ações da empresa em carteira, para ter direito a receber os dividendos. Não vou ficar entrando em detalhes, porque a estas alturas, você já dominará estes termos.

CAPÍTULO DÉCIMO OITAVO

PREMISSAS PARA SE TORNAR RICO

Como já dissemos em outro livro, ser rico não é destino, é opção. A partir do conhecimento adquirido, como você o está adquirindo agora, não há mais desculpas para continuar tendo dificuldades financeiras. Será um processo a longo prazo, já que o salário de professor de escola pública, embora, comparativamente a outras profissões similares não seja dos piores, é bem exíguo. Mas, se seguir com determinação as orientações aqui explanadas, dentro do nosso conceito de riqueza, tornar-se-á uma pessoa rica.

Reafirmando, apenas tem que seguir algumas regras por toda a vida, tais sejam:

Gastar menos do que ganha.

Aplicar em torno de dez por cento de tudo que aufere.

Ter disciplina.

Seguir a regra do BBB: Comprar BOAS AÇÕES, que estejam BARATAS e que pagam BONS DIVIDENDOS.

CAPÍTULO DÉCIMO NONO

POTENCIALIZANDO OS DIVIDENDOS

Agora que já aprendemos a aplicar, vamos começar a potencializar nosso ganho.

Para você que tem como objetivo não a especulação, mas a aplicação a longo prazo, que vai garantir-lhe uma aposentadoria bem mais generosa do que aquela que receberá da Previdência Social, deve focar em potencializar o recebimento de dividendos.

Se teu objetivo for ter uma renda passiva para viver sem trabalhar, o teu foco tem que ser em dividendos. Viver de dividendos é um dos principais objetivos de boa parte dos investidores. Essa estratégia é bastante eficaz, pois aproveita-se do efeito dos juros compostos ao longo de tempo, aumentando o seu patrimônio cada vez mais.

Utilizar os dividendos pagos pelas empresas e juntá-los aos seus aportes mensais potencializa a quantidade de dividendos recebidos a cada mês, o que antecipa de forma considerável o atingimento dos seus objetivos financeiros. E o mais importante é que o pagamento de dividendos não tem correlação com a oscilação do preço de uma ação, pois ele é pago proporcionalmente ao número de ações que você possui em uma determinada data, e não ao valor que você tem em carteira. Então, mesmo que seu patrimônio caia em um momento de baixa da bolsa, o pagamento dos dividendos tende a não sofrer uma redução da mesma magnitude.

Para tal, você precisa ter na tua carteira ações das empresas que não são só sólidas, mas que também pagam bons dividendos.

Mas, afinal, o que são dividendos?

Dividendos são uma parcela do lucro líquido de uma empresa que são distribuídos periodicamente aos seus acionistas, proporcionais ao número de ações que eles têm, como forma de remuneração.

E, por que uma empresa paga dividendos?

No Brasil, a Lei das S/As reza que as empresas listadas na Bolsa de Valores devem distribuir um percentual de seus lucros, de acordo com o registrado no estatuto social da empresa. O mínimo obrigatório é definido no estatuto das empresas, que são livres para determinar o porcentual do lucro líquido que será distribuído. Atualmente, boa parte das empresas adota o valor de 25% do lucro líquido a ser distribuído aos acionistas, mas isso pode variar para cima ou para baixo.

O pagamento de dividendos é uma forma da empresa recompensar seus acionistas, assim como conseguir atrair novos investidores e, consequentemente, valorizar suas ações.

As maiores pagadoras de dividendos são aquelas que têm um lucro líquido consolidado. Isso exige uma boa margem e um bom desempenho de custos.

Quais foram as dez empresas que mais pagaram dividendos em 2022?

Foram:

Empresa	Em vr.por ação
Petrobrás (PETR4)	16,74
Vale (VALE3)	7,58
Banco do Brasil (BBAS3)	4,17
Santander (SANB11)	1,12
Braskem (BRKM5)	1,70
Itaú (ITUB4)	1,02
Gerdau Met.(GOUA4)	1,25
Gerdau (GGBR4)	3,63
Telefônica Brasil (VIVT3)	2,03
JBS (JBSS3)	2,00

No geral, em 2022, o retorno em dividendos foi de 33,18%. Isso significa que, uma aplicação de R$-10.000,00, teria gerado R$-3.318,00, somente em proventos, em um único ano.

E as empresas que mais pagaram dividendos em 2022, proporcionalmente ao valor de suas ações?

Foram estas:

PETROBRAS PN (PETR4): 68,32%

PETROBRAS ON (PETR3): 59,70%

CEB PNB (CEBR6): 38,54%

CEB ON (CEBR3): 34,76%

MARFRIG ON NM (MRFG3): 25,84%

CSN MINERACAO ON N2 (CMIN3): 22,58%

MOVIDA ON NM (MOVI3): 18,95%

ACO ALTONA PN (EALT4): 18,75%

SID NACIONAL ON (CSNA3): 17,75%

AGRO3): 17,57%

BANCO BMG PN N1 (BMGB4): 16,61%

CRISTAL PNA (CRPG5): 16,40%

UNIPAR PNB (UNIP6): 15,57%

ALLIED ON NM (ALLD3): 15,49%

UNIPAR ON (UNIP3): 15,25%

GERDAU ON N1 (GGBR3): 14,81%

METAL LEVE ON NM (LEVE3): 14,60%

SANTANENSE PN (CTSA4): 14,56%

TAESA UNT N2 (TAEE11): 14,00%

Relação entre dividendos pagos e valorização das ações no período de 2018 a 2022.

No período de 2018 a 2022, o percentual sobre o valor das ações pagas em dividendos, foi consideravelmente maior que a valorização das ações. O que demonstra que o ganho em dividendos não está atrelado ao valor das ações, mas sim ao número de ações que você possui.

PERÍODO	DIVIDENDOS %
2018	38,67
2019	55,25
2020	3,10
2021	23,19
2022	33,18
RETORNO NO PERIODO	150,19

GANHO MÉDIO AO ANO	30,03

Como é feita a distribuição de dividendos?

Primeiro, o Conselho de Administração da companhia verifica se a empresa obteve lucro ao longo do exercício para distribuir uma parte aos acionistas. Caso tenha lucro, a empresa deve deliberar sobre os dividendos a distribuir e, em seguida, anunciar o valor que será distribuído, a data de registro e a data de pagamento. Após essa declaração, a empresa tem a obrigação legal de distribuir parte de seu lucro entre os acionistas.

No pagamento, cada acionista recebe um valor proporcional ao tipo de ação (preferencial ou ordinária) e à quantidade que detém.

O que é dividend yield?

O dividend yield é um indicador, expresso como porcentagem, que mede a taxa de retorno de uma ação na forma de dividendos, e é utilizado para verificar se o provento é atrativo ou não em relação ao preço do papel. Trata-se de uma das métricas usadas para avaliar se uma empresa é interessante ou não para estratégias de dividendos.

O dividend yield é calculado a partir do valor de dividendos pagos pela empresa, geralmente numa janela de 12 meses projetadas no futuro, divido pelo preço da ação.

Qual a periodicidade do pagamento de dividendos de uma empresa?

Além do valor de dividendos variar, a periodicidade de pagamento também varia de empresa para empresa, podendo ser mensal, trimestral, quadrimestral, semestral ou anual. Algumas empresas também pagam dividendos sem uma regularidade muito clara.

Para nosso objetivo, que é o de conhecer e aplicar o método e ensiná-los aos alunos, o importante é que saibamos da importância dos dividendos na potencialização de nossos ganhos.

CAPÍTULO VIGÉSIMO

ENSINANDO OS ALUNOS

Uma vez que você já aprendeu a dominar as principais ferramentas para aplicar na bolsa e está vendo, na prática, seus resultados, então agora pode, e só depois de ter cumprido estes requisitos, começar a ensinar teus alunos.

Você, que conhece tão bem Piaget, sabe que aos sete anos de idade, as crianças já têm capacidade para aprender estes conceitos.

Mas, por que ensinar educação econômica e financeira para as crianças e adolescentes?

Entendo que, provavelmente, a resposta esteja na tua própria história.

Agora que você rompeu alguns paradigmas que te permitiram olhar de outra maneira a importância do dinheiro e a maneira de como administrá-lo, deve estar se perguntando quanta coisa teria sido melhor na tua vida, caso tivesse aprendido e aplicado estes conhecimentos a partir dos teus belos sete anos de idade.

Porque dinheiro não é só algo que te permite comprar coisas. Ele te ajuda também a ter dignidade, autonomia, amor-próprio.

A atingir o topo da Pirâmide de Maslow.

E você tem uma graça especial. A graça de estar em um lugar e em uma profissão que te permite repassar estes conceitos. A

graça de poder melhorar a vida das futuras gerações.

O planejamento financeiro desde cedo, é um grande diferencial para o sucesso destes teus alunos.

As crianças que aprendem a importância de poupar dinheiro, controlar os gastos e investir, terão uma base sólida para tomar decisões financeiras mais inteligentes no futuro, independente da profissão que virão a exercer. Elas aprendem o valor das coisas, a poupar recursos e a ter autonomia, pois, quem detém o poder de compra, passa a arcar com as próprias decisões.

Não cabe a mim, ensinar-lhes, caros mestres, a como usar a melhor didática para ensinar teus alunos. Isso vocês já fazem com muita competência. Cabe a vocês esta tarefa. Vocês é que possuem o dom e a técnica para tal.

O que posso fazer, já o fiz, ensinando-lhes a melhor maneira de administrar a vida econômica e financeira.

Como repassar isso aos teus alunos, cada um o fará da maneira que melhor se adeque à sua maneira e às circunstâncias do ambiente.

Como você leu livros de história para ensinar essa matéria também terá que mergulhar nesse novo universo de economia e finanças.

Nada mais fácil. Há vários livros dedicados à educação financeira infantil, e a internet está repleta de vídeos e artigos que mostram isso de maneira clara e lúdica.

Indico, a seguir, alguns interessantes.

O pé de meia mágico

Autor: Álvaro Modernell

Ilustradora: Cibele Santos

Editora: Fundamentos

Em apenas 20 páginas, conhecemos a rotina de dois irmãos que são muito amigos, mas têm atitudes distintas em relação a tudo.

A narrativa traça um paralelo entre os personagens para mostrar como é vantajoso preservar brinquedos e roupas. Além disso, sugere às crianças guardar um pouquinho da mesada para realizar objetivos no futuro.

Como se fosse dinheiro

Autora: Ruth Rocha

Ilustradora: Mariana Massarani

Editora: Salamandra

Catapimba, o garoto, sempre recebia balas e chicletes de troco na cantina da escola, pois eram "como se fosse dinheiro". Sendo assim, ele resolve pagar os próximos lanches de um jeito bastante inusitado – para o desconforto de Seu Lucas, proprietário do negócio.

O livro traz uma reflexão sobre o valor real das moedas, mas que acaba levantando questões sobre honestidade e esperteza.

Dinheiro compra tudo? – Educação financeira para crianças.

Autora: Cássia D'Aquino

Ilustradores: Caio Cradoso, Tatiana Paiva e Thiago Cruz

Editora: Moderna

Neste livro, a educadora financeira Cássia D'Aquino explica curiosidades sobre o universo monetário: onde é fabricado o dinheiro? Qual é a maior cédula do mundo? Grana compra felicidade?

As respostas vêm junto com piadas, truques de mágica, jogos e até receitas culinárias. É uma maneira superdivertida de conhecer os primeiros passos do planejamento financeiro e aprender conceitos como "lucro" e "desperdício". Publicação voltada para crianças a partir de 8 anos.

Almanaque Maluquinho: Pra que dinheiro?

Autor e Ilustrador: Ziraldo

Editora: Globinho

Essa HQ reúne sete aventuras do Menino Maluquinho e de sua turma. Como o pessoal vem encontrando dificuldades para administrar as despesas, o desafio de todos é aprender a

poupar.

O almanaque revela fatos sobre o surgimento da moeda e o funcionamento dos bancos. Também ensina, com humor e

leveza, como montar um orçamento doméstico. Assim as compras nunca mais serão um problema para os personagens!

Crise financeira na floresta.

Autora: Ana Paula Hornos

Ilustrador: Cláudio Martins

Editora: Geraçãozinha

A palestrante e educadora financeira Ana Paula Hornos propõe uma nova versão para uma fábula clássica. Agora, a cigarra toma folhas emprestadas da formiga, dando sua estimada viola como garantia. Só que a cantadeira não paga o que deve. O que será que pode acontecer?

O livro demonstra o espaço que o trabalho tem nas nossas vidas. Junto a isso, aborda os perigos do consumismo e as consequências que uma dívida traz ao planejamento orçamentário. Mais uma vez o público tira lições relacionadas à importância de poupar, investir e evitar supérfluos.

A menina, o cofrinho e a vovó.

Autora: Cora Coralina

Ilustradora: Cláudia Scatamacchia

Editora: Global

Nossa lista de livros de educação financeira para crianças termina com um exemplar cheio de afeto. É a história de uma senhora que passa por necessidades e resolve fazer doces para vender.

O desafio da protagonista está em driblar os obstáculos, como a falta de lenha e de um tacho de cobre. Quando a velhinha adquire uma geladeira usada, a prazo, ela tem uma surpresa: a neta abre o cofrinho e dá todo seu dinheiro para a avó quitar as prestações. E o desfecho? Bem, isso fica para quem ler!

Turma da Mônica — Como cuidar do seu dinheiro.

Contando com a ajuda dos famosos personagens do bairro do Limoeiro, este é um dos livros de maior sucesso quando o assunto é educação financeira.

De forma divertida e visual, as crianças aprendem sobre conceitos como inflação, juros e a importância de economizar dinheiro.

Almanaque Menino Maluquinho — Pra quê dinheiro?

Traz inúmeras histórias sobre Junim e a turma do Menino Maluquinho, abordando temas como mesada, compras e dicas para economizar.

Essa é uma opção valiosa para crianças pequenas, já que o livro é composto por histórias em quadrinhos.

Meu cofrinho, meu futuro.

Da Editora Caramelo, tem a proposta de ser um

manual completo de educação financeira para crianças de oito a 10 anos.

Nas histórias, os pequenos entram em contato com a definição de planejamento financeiro, consumo consciente, sustentabilidade e práticas comerciais.

Ganhei um dinheirinho.

É da escritora Cássia D'Aquino e lida de maneira alegre com conceitos de economia, mesada educativa e planejamento de gastos.

Além disso, a autora aborda o tema das compras por impulso, um dos grandes vilões da vida adulta.

Finanças básicas para crianças.

É uma opção para crianças maiores, já que conta com mais textos e explicações bem descritivas.

Uma curiosidade é que o autor, Walter Andal, especialista em finanças internacionais, escreveu o livro para que seus próprios filhos aprendessem economia de maneira divertida.

ECONOMIA DE MARIA
PROFESSORA: DANIELE MENDONÇA

A economia de Maria.

De Telma Guimarães, é um livro sobre duas irmãs que agem de maneira extrema: uma gasta toda a mesada e a outra só guarda o dinheirinho.

Em uma narrativa engraçada, as irmãs passam por lições que as ensinam sobre a importância do meio-termo para as finanças.

Dinheirinho ou dinheirão?

De Jonas Ribeiro e Fábio Sgroi, é um livro de

poemas para crianças pequenas. Contando

com ilustrações criativas, os autores

estimulam reflexões sobre escolhas

financeiras do cotidiano.

POSFÁCIO.

Não quero me estender mais. Este livro é dirigido a professores, que, por óbvio, já estão acostumados ao mister de aprender e ensinar.

Embora, a princípio, o tema educação econômica e financeira, pareça árido, conforme vamos avançado na trilha, ele vai ficando cada vez mais interessante e prazeroso.

Como a árvore de Humboldt, leva um tempo entre a semente e o fruto. Há de arar-se a terra, plantar a semente, regá-la e adubá-la. É um exercício de muita paciência.

Aplicar na Bolsa de Valores é assim também: monótono. Se começar a ficar estressante, é porque há algo errado em nosso método.

Diferente da árvore, porém, ela já começa a dar retorno a partir da semente. E, também diferente das árvores, seus frutos e sombra são eternos. Podem passar de geração a geração, infinitamente.

Bolsa Família ou Bolsa de Valores?

A escolha, agora, é tua.

FONTES:

YOUTUBE

Qual o melhor investimento para meu filho?

https://youtu.be/XJIXeYAJdn4?si=7b9NkvzNk2rFSj2h

Crianças deixam cofrinho de lado e começam a investir em ações:

https://youtu.be/8Pqr4nKUnBY?si=EfNUCwbfgMcxiMYY

Juros compostos na prática:

https://youtu.be/tpOQn-YZ5Ag, acessado em 23/12/2023

Aplicação infantil na bolsa de valores:

https://www.youtube.com/watch?v=8Pqr4nKUnBY&t=311s, acessada em 13 01 2024.

Como montar uma carteira de ações para seus filhos:

https://www.youtube.com/watch?v=Vi8GKg48he4, acessada em 13 01 2024.

GOOGLE

como ensinar seu filho a lidar com despesas:

https://easyin.com.br/, acessada em 23/12/2023.

https://www.suno.com.br/noticias/acoes-mais-pagaram-dividendos-2022, acessada em 02/09/2023 às 17:13.

https://playinvest.com.br/agenda/setembro/2023, acessada em 1 9 23 às 10:16

https://neon.com.br/aprenda/financas- , acessada em 16 12 23.

https://inteligenciafinanceira.com.br/onde-investir/investimentos/guia-investimentos-iniciantes/, acessada em 23/12/2023.

https://blog.cresol.com.br/livros-de-educacao-financeira-para-criancas/, acessada em 23/12/2023.

https://economia.uol.com.br/noticias/redacao/2021/05/15/bc-educacao-financeira-aprender-valor-ensino-basico.htm, acessada em 23/12/2023.

Bibliografia:

"Ser rico não é destino, é opção", "Dívidas ou Dividendos?" e "Caça ao Tesouro"., José de Marqui, www.clubedeautores.com.br

FIM

Araraquara, 23 de dezembro de 2023.

José De Marqui.

16 99707 1178

ferrodemarqui@gmail.com

Sobre o Autor:

José De Marqui é psicanalista lacaniano, atuando na cidade de Araraquara est. SP.

Participou da criação e administração da COEDUCAR – Cooperativa Educacional de Araraquara.